Cornelia Benz

TRANSPARENTE FENSTERBILDER
ZUR WEIHNACHTSZEIT

MIT VORLAGEN IN ORIGINALGRÖSSE

Brunnen-Reihe 324

Christophorus Verlag Freiburg

Durch die graue Zeit zum Lichterfest

Wenn es draußen trüber und dunkler wird und durch die Fenster weniger Licht fällt, so ist es schön, ein farbiges Fensterbild aufzuhängen. Dieses Bild fängt die wenigen Sonnenstrahlen ein und weist mit seinem Motiv auf die kommende Weihnachtszeit hin. In dieser Jahreszeit verbringt man wieder viele Stunden im Haus. Es macht Freude zu basteln, und später leuchten die Bilder am Fenster. Ist es dunkel, so kann man mit den Fensterbildern und ein paar Teelichtern eine besinnliche und gemütliche Stimmung herbeizaubern. Lassen Sie sich von den Entwürfen in diesem Büchlein inspirieren und z. B. durch eine andere Farbwahl bei Transparent- oder Tonpapieren zu neuen Ideen anregen. Solch ein Fensterbild wäre doch ein sehr schönes und persönliches Geschenk, wie z. B. der Weihnachtsmann zum 6. Dezember. Diese transparenten Fensterbilder werden selbst bei trübem Wetter leuchten und eine (vor)weihnachtliche Stimmung vermitteln.

In diesem Sinne wünsche ich Ihnen viel Spaß und Freude.

Ihre *Cornelia Benz*

Das Material

Die Fensterbilder werden aus Ton- und Transparentpapier gefertigt. Beide Papierarten sind in vielen schönen Farbtönen einzeln in großen Bögen, aber auch in farblich sortierten Heften erhältlich. Durch doppelt gelegtes Transparentpapier kann man eine stärkere Farbintensität erzielen oder ganz neue Farben erhalten. Teilweise habe ich auch irisierende Folie oder Seidenpapier an Stelle von Transparentpapier verwendet.

Tonpapier allein ist zwar nicht besonders stabil, aber durch den Klebstoff, das Transparentpapier und den zweiten Tonpapierrahmen bekommt das Fensterbild genügend Festigkeit. Da gold- und silberfarbenes Tonpapier nicht erhältlich ist, habe ich einen Rahmen in gold- bzw. silberfarbenem Fotokarton und den zweiten in Gold- bzw. Silberbastelfolie geschnitten. Nur aus Fotokarton wären sie zu dick und sehr schwer zu schneiden mit Ausnahme des einfach zu arbeitenden Sternmobile Seite 17. Rahmen aus Gold- bzw. Silberbastelfolie allein wären zu instabil, um das Gewicht der Fensterbilder halten zu können.

Tip: Lassen Sie die gekauften Bögen nicht rollen, und lagern Sie Ihre Papiere immer plan, sonst wölbt sich Ihr Fensterbild, wenn es am Fenster hängt. Seien Sie mit dem Transparentpapier sparsam. Heben Sie selbst kleine Teile auf – beim nächsten Bild können Sie es vielleicht verwenden.
Zum Aufhängen der Bilder nimmt man am besten farblich abgestimmte Nähseide. Alle Motive wurden mit UHU Alleskleber geklebt, der bei den einzelnen Ausführungen als Klebstoff erwähnt wurde.

Das Werkzeug

Das Tonpapier kann man mit einer kleinen Schere schneiden. Sehr gut eignet sich eine Scherenschnitt-Silhouettenschere. Je differenzierter und feiner die Schnittlinien sind, desto kleiner sollte die Schere sein.
Eine normale Papierschere eignet sich am besten zum Schneiden der Rahmen aus Tonpapier.
Schneidemesser, Schablonenmesser und Skalpell sind optimal für das Schneiden gerader Linien, spitzer Winkel und das Ausschneiden von kleinsten Innenformen.
Achtung: Nicht für Kinder geeignet!
Allerdings muß man bei diesen Werkzeugen immer eine Unterlage (dicker Karton, Brett) benutzen.
Kohlepapier und Bleistift benötigt man, um die Entwürfe vom Vorlagenbogen auf das Tonpapier zu übertragen.
Büroklammern sind ideal zum Fixieren der Tonpapiere während des Schneidens – siehe Arbeitstechnik Seite 3 bis 6.
Die Werkzeuge werden bei den Beschreibungen der einzelnen Motive nicht mehr angegeben, da es immer dieselben sind.
Bitte beachten: Die Fensterbilder, bei denen nur Material angegeben ist, werden nach der folgenden Arbeitstechnik gearbeitet.

Arbeitstechnik

1. Arbeitsabschnitt: Tonpapier
Damit die Fensterbilder von beiden Seiten schön zu betrachten sind, ist es nötig, die Rahmenmotive aus Tonpapier zweifach auszu-

schneiden. Dies geschieht in einem Arbeitsvorgang, damit die Bilder deckungsgleich werden. Sie nehmen hierzu das Tonpapier doppelt und übertragen das Motiv vom Vorlagenbogen nur einmal (Abb. A).

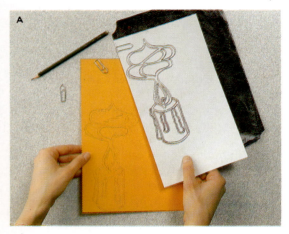

Das doppelt gelegte Tonpapiermotiv großzügig ausschneiden und im Randbereich mit Büroklammern fixieren, um ein Verrutschen während des Schneidens zu vermeiden. Jetzt die Außenkante des Motivs (Rahmen) schneiden. Hier ist es wichtig, daß Sie „im Fluß schneiden", also rund und ohne Ecken. Drehen Sie deshalb Ihr Werkstück in die nie ganz geschlossene, langsam schneidende Schere.

Fortsetzung Seite 6

Herbstbaum

Material
Olivgrünes und hellbraunes Tonpapier
hell- und mittelgelbes, orangefarbenes und grünes Transparentpapier
farblich abgestimmte Nähseide
Klebstoff

Arbeitsablauf
Seite 3 bis 14
Hier habe ich den Rahmen aus zwei verschiedenfarbigen Tonpapieren geschnitten: eine Seite olivgrün, die andere hellbraun. Je nachdem, wie sich die Blätter drehen, kann man es sehen. Baum und Blätter (großes Blatt 2 ×, kleines 3 ×) aus doppelt gelegtem Tonpapier ausschneiden. Verschiedenfarbige Transparentpapierflächen für die Baumkrone ausschneiden und auf den Rahmen kleben. Um noch mehr Farbschattierungen und einen schönen farblichen Übergang zu erzielen, habe ich mehrere Felder doppelt (z. B. mit gelbem und grünem, bzw. gelbem und orangefarbenem Transparentpapier hinterklebt). Nun die Blätterrahmen mit Transparentpapier hinterkleben, ca. 5 bis 14 cm lange Nähseidenfäden ankleben und die Rahmen deckungsgleich aufbringen. Die Nähseidenfäden für die Blätter und den Aufhängefäden in gewünschter Länge aufkleben. Den zweiten Baumrahmen deckungsgleich aufbringen.

Jetzt können Sie die Innenflächen, die mit Transparentpapier hinterklebt werden, ausschneiden. Am besten mitten in den herauszuschneidenden Innenraum einstechen und erst dann auf eine Schnittlinie zuschneiden (Abb. B).
Ist eine Innenfläche schwierig zu schneiden, so schneiden Sie mehrere Teilstücke aus. Sie können auch die Arbeit wenden und ein Teilstück von dieser Seite ausschneiden. Eine andere Möglichkeit wäre hier der Gebrauch eines Schneidemessers.

Lampionblumen

Material
Schwarzes Tonpapier
weißes, orangefarbenes und grünes Transparentpapier
farblich abgestimmte Nähseide
Klebstoff

Arbeitsablauf
Seite 3 bis 14
Bei diesem Motiv könnte man auch auf das weiße Transparentpapier verzichten. Das Bild wirkt dann durchsichtiger (s. auch 2. Umschlagseite Mistelzweig und Seite 9 Christrose).

2. Arbeitsschritt: Transparentpapier
Die Transparentpapierteile können Sie anhand der Vorlage ausschneiden, beachten Sie dabei bitte die „Klebezugabe". Die Teile müssen so groß geschnitten werden, daß man sie gut auf die Tonpapierumrahmung aufkleben kann.
Besser ist es jedoch, das ausgeschnittene Rahmenmotiv als Schablone zu nehmen, um etwaige Ungenauigkeiten vom Schneiden auszugleichen. Trennen Sie die doppelt geschnittenen Tonpapiermotive, und nehmen Sie das Motiv, auf dem die Linien vom Übertragen des Entwurfes zu sehen sind. Diese Seite des Rahmens wird immer nach innen genommen. Legen Sie den Rahmen auf eine möglichst kontrastreiche Unterlage, damit er sich gut abhebt. Das Transparentpapier darüberlegen, und die gewünschten Flächen einschließlich der Klebezugabe mit Bleistift umfahren. Achten Sie dabei darauf, daß die Fläche weder zu klein (es könnte zipfeln), noch zu groß (Transparentpapier darf nicht in andere Flächen hineinragen) gezeichnet und somit geschnitten wird (Abb. C).

Christrosen

Material
Schwarzes Tonpapier
weißes, hell- und dunkelgelbes, grünes Transparentpapier
farblich abgestimmte Nähseide
Klebstoff

Arbeitsablauf
Seite 3 bis 14
Die Besonderheit an diesem Bild ist, daß der Hintergrund nicht beklebt wurde. Die Blütenstempel wurden mit gelbem Filzstift auf die Blütenblätter gemalt (siehe Abb.).

3. Arbeitsschritt: Zusammenkleben
Haben Sie alle Ton- und Transparentpapierteile ausgeschnitten, so können Sie mit dem Kleben beginnen. Am besten bestreichen Sie das Tonpapier, also den Rahmen – die Pauslinien sind jetzt sichtbar –, mit UHU Alleskleber und legen das Transparentpapier Stück für Stück auf (Abb. D).

Kalla

Material
Schwarzes Tonpapier
weißes, gelbes, orangefarbenes, grünes Transparentpapier
farblich abgestimmte Nähseide
Klebstoff

Arbeitsablauf
Seite 3 bis 14
Das mittlere grüne Blatt und die Blütenstiele habe ich zweimal mit demselben grünen Transparentpapier hinterlegt.

Drücken Sie die einzelnen Motivteile mit Hilfe eines aufgelegten Blattes Schreibpapier fest, und lassen Sie sie trocknen (Abb. E).

Anschließend die Mittelstelle suchen, damit das Bild später gerade hängt, und den Nähseidefaden mit einem Tupfer Klebstoff dort ankleben. Den zweiten Rahmen mit Klebstoff bestreichen und deckungsgleich aufkleben. Dies wird am einfachsten erreicht, indem Sie, von einem Punkt am Bilderrahmen ausgehend,

Fortsetzung Seite 14

Landschaften

Hier wurde dasselbe Motiv sehr unterschiedlich gestaltet.

Schneelandschaft

Material
weißes Tonpapier
weißes und blaues Transparentpapier
irisierende Folie
Gold- und Silberbastelfolie

Waldlandschaft

Material
Schwarzes Tonpapier
gelbes, hell- und dunkelgrünes, weißes, dunkelblaues Transparentpapier
mittelgrünes Seidenpapier
jeweils farblich abgestimmte Nähseide
Klebstoff

Arbeitsablauf
Seite 3 bis 14
Wolken und Sonne jeweils doppelt ausschneiden und direkt – Sonne zuerst – aufkleben.

langsam mit dem Zusammenkleben beginnen (Abb. F).

Diese Methode erlaubt geringfügige Korrekturen während des Klebevorganges. Um genug Druck für die Klebung zu erzielen, legen Sie ein Blatt Papier auf das Fensterbild und streichen fest mit der Hand darüber. Gut trocknen lassen. Am besten legt man das fertige Bild für ein paar Stunden in ein großes und schweres Buch. Hängt man das noch klebefeuchte Fensterbild auf, so wellt es sich.

Zum Schluß wird das Bild noch einmal überarbeitet. Schneiden Sie eventuell überstehende Kanten vorsichtig mit der Schere ab und entfernen Sie mit einem weichen Lappen eventuelle Klebespuren.

Hinweis: Die farbliche Wiedergabe, vor allem der Transparentpapiere, kann gegenüber der Originalfarbe aus technischen Gründen erheblich abweichen.

Weihnachtssterne

Material
Schwarzes Tonpapier
gelbes, orangefarbenes, rotes, grünes und weißes Transparentpapier
farblich abgestimmte Nähseide
Klebstoff

Arbeitsablauf
Seite 3 bis 14
Um die Weihnachtssternblütenblätter farblich zu schattieren, wurden einige der Blüten, wie die Abbildung zeigt, mit rotem Transparentpapier doppelt hinterklebt.

Sternmobile
siehe auch Abb. Seite 25, Hintergrund Engel

Material
Goldener Fotokarton
rosa- und lilafarbenes Transparentpapier
farblich abgestimmte Nähseide
Klebstoff

Arbeitsablauf
Seite 3 bis 14

Den kleinen (1) und mittleren fünfzackigen Stern (2) sowie den großen sechszackigen Stern (6) jeweils einmal doppelt ausschneiden. Den kleinen (3), den mittleren (4) und mittelgroßen Stern (5) jeweils zweimal doppelt ausschneiden. Dies ergibt neun doppelt geschnittene Sterne. Den ganz großen Stern (7) einmal doppelt gelegt ausschneiden. Die doppelt geschnittenen Sterne jeweils an einer Spitze kennzeichnen, damit man sie später leichter passend zusammenkleben kann. Nun, wie auf Seite 10 bis 14 beschrieben, die Sterne mit Transparentpapier bekleben. Mit dem Einkleben der Nähseidefäden beginnt man am besten von oben, das heißt am großen Stern. Die Fäden an den zwei äußeren Sternschnüren sind von oben: 5,5 cm, 8,5 cm und 8 cm lang, an der inneren Sternschnur: 4,5 cm, 11,5 cm und 11 cm lang. Man klebt jeweils oben und unten ca. 0,5 cm der Nähseide ein. Klebstoff an der im Vorlagenbogen gekennzeichneten Stelle (x) auftupfen und ca. 0,5 cm Faden auflegen und ankleben. Sind alle Fäden angebracht, jeweils den zweiten Sternrahmen aufkleben.

Diese Sternmobile kann man noch einmal im Hintergrund der Abb. Seite 25 sehen. Hierbei wurden die Sterne mit hell- bzw. dunkelgelbem und orangefarbenem Transparentpapier, sowie irisierender Folie hinterlegt.

Schneemänner

Großer Schneemann

Material
Schwarzes und weißes Tonpapier
weißes, rotes, orangefarbenes, lilafarbenes, braunes Transparentpapier
farblich abgestimmte Nähseide
Klebstoff

Arbeitsablauf
Seite 3 bis 14
Hut mit Besen auf schwarzes, Schneemann auf weißes (gestrichelte Linien beachten: Zugabe) doppelt gelegtes Tonpapier übertragen und ausschneiden. Nase mit orangefarbenem, restlichen Körper mit weißem Transparentpapier hinterkleben und weißen Tonpapierrahmen zusammenkleben. Hut mit lilafarbenem und Besen mit braunem Transparentpapier hinterkleben. Beim Zusammenfügen der Rahmen beachten: Der Schneemannkopf wird in den Hut „hineingesteckt", der Besenstiel nicht. Er wird nur auf eine Seite des Schneemanns (Vorderseite) aufgeklebt. Aufhängefaden nicht vergessen. Den Schal aus rotem Transparentpapier ausschneiden und auf die Vorderseite kleben. Augen aus schwarzem Tonpapier aufkleben.

Kleine Schneemänner

Material
links: schwarzes Tonpapier
rechts: weißes und schwarzes Tonpapier
weißes, lilafarbenes, braunes, orangefarbenes Transparentpapier
farblich abgestimmte Nähseide
Klebstoff

Arbeitsablauf
Seite 3 bis 14
Zum Schluß die doppelt geschnittenen Augen und Knöpfe aus schwarzem Tonpapier deckungsgleich aufkleben.

Weihnachtsmann
Abb. 1. Umschlagseite

Material
Schwarzes Tonpapier
rotes, weißes, gelbes, braunes, grünes, blaues,
orangefarbenes Transparentpapier
farblich abgestimmte Nähseide
Klebstoff

Arbeitsablauf
Seite 3 bis 14

Kerzen mit Rauch

Diese drei Kerzen sollen zeigen, wie unterschiedlich man ein Motiv gestalten kann.

Material
Kerze links: weißes Tonpapier
gelbes, rosa- und lilafarbenes Transparentpapier
irisierende Folie
Kerze Mitte: schwarzes Tonpapier
weißes, gelbes, rosafarbenes, rotes Transparentpapier
Kerze rechts: goldener Fotokarton
Goldbastelfolie
weißes, orangefarbenes und gelbes Transparentpapier
farblich abgestimmte Nähseide
Klebstoff

Arbeitsablauf
Seite 3 bis 14
Um die Wachstropfen an den Kerzen zu verstärken, kann man sie jeweils mit der Farbe der Kerze zusätzlich noch einmal hinterkleben.

Ilex-Kranz

Material
Dunkelgrünes und rotes Tonpapier
dunkelgrünes und rotes Transparentpapier
farblich abgestimmte Nähseide
Klebstoff

Arbeitsablauf
Seite 3 bis 14
Ilexkranz auf grünes (gestrichelte Linien beachten: Zugabe) und Schleife auf rotes doppelt gelegtes Tonpapier übertragen und ausschneiden. Das jeweilige Schleifenteil auf das passende Ilexkranzteil kleben. Nun das grüne Transparentpapier für den Kranz ausschneiden. Es ist einfacher, das grüne Transparentpapier dafür in mehreren Teilstücken auszuschneiden, da sich bei einer so großen Fläche Ungenauigkeiten fast nicht vermeiden lassen. Für die Beeren und die Schleife rotes Transparentpapier ausschneiden. Nun die Transparentpapierteile sowie den Nähseidefaden aufkleben. Anschließend den zweiten Rahmen deckungsgleich aufbringen.

Engel

Material
Diese drei Engel unterscheiden sich durch die Farbe des Rahmens.
Links: eine Seite goldener Fotokarton, andere Seite Goldbastelfolie.
Mitte: eine Seite silberner Fotokarton, andere Seite Silberbastelfolie.
Rechts: beide Seiten weißes Tonpapier
gelbes, orangefarbenes, weißes Transparentpapier
farblich abgestimmte Nähseide
Klebstoff

Arbeitsablauf
Seite 3 bis 14
Da Bastelfolie leicht reißt und bei Kontakt mit Klebstoff ausfärbt, sollte man zuerst den Fotokartonrahmen mit Transparentpapier bekleben. Zum Zusammenkleben der beiden Rahmen sollte der Klebstoff nur auf den Fotokartonrahmen aufgetragen werden.
Diese Engel wirken am Fenster als Gruppe besonders schön. Ebenso könnte man sie sich gut als Christbaumschmuck oder einzeln als Geschenkanhänger vorstellen.

Mistelzweig
Abb. 2. Umschlagseite

Material
Grünes Tonpapier
weißes und hellgrünes Transparentpapier
farblich abgestimmte Nähseide
Klebstoff

Arbeitsablauf
Seite 3 bis 14
Die Besonderheit an diesem Bild ist, daß der Hintergrund nicht wie z. B. bei den Lampionblumen Seite 7 beklebt wurde, es wirkt deshalb sehr zart und durchsichtig.

Sternenkranz

Material
Schwarzes Tonpapier
hell- und dunkelgelbes, orangefarbenes, rotes Transparentpapier
farblich abgestimmte Nähseide
Klebstoff

Arbeitsablauf
Seite 3 bis 14
Die Farbvielfalt der Sterne habe ich durch teilweise doppelt gelegtes Transparentpapier erreicht, wie bei den Blättern des Weihnachtssterns Seite 15.

Fensterstandbilder

Material
Schwarzer Fotokarton
Maria und Josef: weißes, gelbes, rotes, blaues Transparentpapier
3 Könige: rosa- und lilafarbenes Transparentpapier
irisierende Folie
Hirte mit Schafen: gelbes und dunkelgrünes Transparentpapier
Klebstoff

Arbeitsablauf
Seite 3 bis 14
Alle Rahmen aus schwarzem Fotokarton ausschneiden.
Maria und Josef (Mitte): Maria mit rotem, Josef mit blauem, Gesichter der beiden und Stern mit gelbem Transparentpapier hinterkleben. Nach Vorlagenbogen gelbes Transparentpapier (gestrichelte Linie ausschneiden, bleibt frei) aufkleben. Den ganzen Bildausschnitt mit weißem Transparentpapier hinterkleben. Beide Seitenteile im rechten Winkel nach hinten umknikken (siehe Strich-Punkt-Linien auf dem Vorlagenbogen).
Drei Könige (rechts): Stern mit irisierender Folie hinterkleben. Dann lilafarbenes Transparentpapier wie auf der Vorlage gezeichnet (gestrichelte Linie) bogenförmig ausschneiden und aufkleben. Nun den ganzen Bildausschnitt mit rosafarbenem Transparentpapier hinterkleben. Beide Seitenteile nach hinten umknicken.
Hirte und Schafe (links): Dunkelgrünes Transparentpapier wie auf der Vorlage gezeichnet (gestrichelte Linie) bogenförmig ausschneiden, die Sterne herausschneiden und das Transparentpapier aufkleben. Nun den ganzen Bildausschnitt und den Mond mit gelbem Transparentpapier hinterkleben. Die beiden Schafe aus Fotokarton ausschneiden und auf das Transparentpapier kleben. Beide Seitenteile nach hinten umknicken.
Jeweils ein Teelicht reicht als Beleuchtung für diese Standbilder aus.

Weihnachtsbaum und Päckchen
Abb. 4. Umschlagseite

Material
Schwarzes Tonpapier
Transparentpapier: Dunkelgrün für den Baum, Gelb für den Stern, verschiedene Farben für die Päckchen
farblich abgestimmte Nähseide
Klebstoff

Arbeitsablauf
Seite 3 bis 14
Dieser Tannenbaum eignet sich gut als kleines Weihnachtsgeschenk, oder wie wäre es, wenn man ihn als Geschenkanhänger an ein Päckchen hängen würde? Man könnte auch eine ganze Gruppe Bäumchen ans Fenster hängen.

Krippe

Material
Schwarzer Fotokarton
weißes, hell- und dunkelgelbes, orangefarbenes, rotes, rosafarbenes, lilafarbenes, blaues, braunes, hell- und dunkelgrünes Transparentpapier
Klebstoff

Arbeitsablauf
Seite 3 bis 14
Die Krippe muß aus festem Fotokarton gearbeitet werden, damit sie gut steht. Die Farbvielfalt der Kleider habe ich durch teilweise doppeltes Hinterkleben mit Transparentpapier erreicht. Zum Schluß an der Strich-Punkt-Linie falten, aufstellen und von hinten mit Teelichtern beleuchten.

CHRISTOPHORUS FREIZEITPROGRAMM

Brunnen-Reihe
Bunte Bändchen zum Basteln und Werken

Reihe „Hobby & Werken"
Ausführliche Kurse in kreativen Techniken

Vorlagenmappen
Originalgroße Vorlagen zu einzelnen Themen

Video-Kurse
Kreative Beschäftigungen mit Hilfe des neuen Mediums

Kleine Malschule
Eine Einführung in die Kunst des Malens

Kleine Zeichenschule
Die Grundlage des Zeichnens in präzisen Beispielen

Fordern Sie unseren ausführlichen Freizeit-Prospekt an
Christophorus-Verlag 7800 Freiburg

CIP-Titelaufnahme
der Deutschen Bibliothek

**Transparente Fensterbilder
zur Weihnachtszeit:**
mit Vorlagen in Originalgröße /
Cornelia Benz. – 2. Aufl. –
Freiburg im Breisgau:
Christophorus-Verl., 1991
(Brunnen-Reihe; 324)
ISBN 3-419-52624-5

NE: GT

© 1990 Christophorus-Verlag GmbH
Freiburg im Breisgau

Alle Rechte vorbehalten –
Printed in Germany

Jede gewerbliche Nutzung der
Arbeiten und Entwürfe ist nur
mit Genehmigung der Urheberin
und des Verlages gestattet.
Bei Anwendung im Unterricht
und in Kursen ist auf dieses Heft
der Brunnen-Reihe hinzuweisen.

Styling und Fotos: Roland Krieg
Reinzeichnungen:
Anne Marie Friedel
Umschlaggestaltung:
Michael Wiesinger
Reproduktionen:
Scan-Studio Hofmann, Freiburg i. Br.
Herstellung: Freiburger
Graphische Betriebe 1991